만화 천로역정 2

만화 천로역정 2권

인 쇄	초판 1쇄 2017년 9월 15일
발 행	초판 1쇄 2017년 9월 20일
기 획	김종두
지은이	김홍만
그 림	이해경

펴낸곳	(주)히스토그램
주 소	경기도 부천시 원미구 길주로1 영상문화단지 만화비즈니스센터 306호
전 화	010-7942-8631, 032-653-1432
e-mail	histogram@hanmail.net

각권 값 11,000원   ISBN 979-11-950066-5-6

*잘못된 책은 바꿔드립니다.
*이 책의 전부 또는 일부 내용을 재사용하려면 사전에
 저작권자와 (주)히스토그램의 동의를 받아야 합니다.

순례자와 그 여정을 함께 떠나요-

만화 천로역정

시작하며

만화로 다시 태어난 '천로역정'

17세기 후반에 발표된 존 번연의 '천로역정'은 성경 다음으로 많이 읽힌 고전입니다. 천로역정의 원제목은 〈The Pilgrim's Progress from this World to that which is to come(이 세상에서 다가올 세상에 이르는 순례의 나그넷길)〉입니다.

그런데 천로역정은 결코 쉽게 이해할 수 있는 내용이 아닙니다. 구원을 비롯해서 그리스도인의 영적 경험들을 다루고 있기 때문입니다. 하지만 그 내용은 깊은 의미를 담고 있습니다. 교회에 나가는 신자는 물론이거니와 교회를 다니지 않아도 기독교에 관심을 두고 있는 사람들에게 매우 중요한 메시지를 전달하고 있습니다.

이번에 천로역정의 메시지를 분명하게 나타내고, 또한 쉽게 이해할 수 있도록 만화로 구성하기로 하였습니다. 만화로 된 천로역정을 읽는다면 여러 가지 유익을 얻을 수 있다고 판단한 것입니다. 우선 천로역정을 쉽게 이해할 수 있으며, 만화로 되어 있어서 오래 기억할 수 있습니다. 즉 기독교와 신앙에 대해서 분명한 이해를 얻을 수 있습니다.

더욱이 '만화 천로역정'은 본래의 내용과 메시지에 충실하면서 원문에 어렵게 서술된 것을 쉽게 해설하여 풀어놓았기 때문에 독자가 신속하게 이해하며 적용을 할 수 있습니다. '만화 천로역정'은 2권으로 되어 있는데, 아마도 독자들이 이야기에 빠져서 단숨에 읽을 수 있을 것입니다.
'만화 천로역정'을 읽고 신자라면 구원과 신자의 생활에 대해 큰 도움이 있기를 바라며, 기독교에 대해서 궁구하는 분이라면 기독교의 근본 원리를 쉽게 이해해서 자신에게 적용하기를 바라는 바입니다.

김홍만 · 이해경

1권 차례

영적으로 깨어나는 죄인 17
전도자의 안내 23
세상 지혜자의 유혹 48
좁은 문 66
해석자의 집 80
구원의 은혜에 미치지 못하는 사람 140
고난의 언덕 148
아름다운 궁전 166
교회의 기능 182
영적 전투 197

존 번연의 편지 218

2권 차례

사망의 음침한 골짜기 ……………………… 22
성실 …………………………………………… 38
영을 분별하라 ……………………………… 54
순교 …………………………………………… 80
두 마음의 친구들 …………………………… 106
데마와 은광 ………………………………… 120
생명수의 강과 샛길 초원 ………………… 136
의심의 성과 절망 거인 …………………… 146
기쁨의 산과 목자들 ……………………… 158
마법의 땅 …………………………………… 189
뿔라 땅과 죽음의 강 ……………………… 208
천국 입성 …………………………………… 220

존 번연의 편지 …………………………… 226

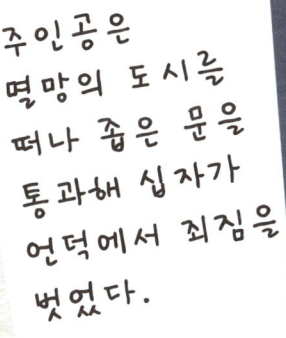

그러나

포도주와 빵은

예수님의 피와 몸이다.

나는 생명나무로
치유해 주시는 회복의
은혜를 입었다.

그렇게
경건, 자비, 분별, 신중
네 자매를 통하여 주신 주님의
은혜에 힘입어 영적 전투에서의 상처를
치유받은 크리스찬은 더욱 주님께 감사를 드렸다.

사망의 음침한 골짜기

겸손의 골짜기가 끝나자 사망의 음침한 골짜기로 연결되는 것을 보았다.

크리스찬은
사망의 음침한 골짜기 건너편
그 좋은 땅에 대하여 악한
소문을 내는 두 사람을 만났다.

성실

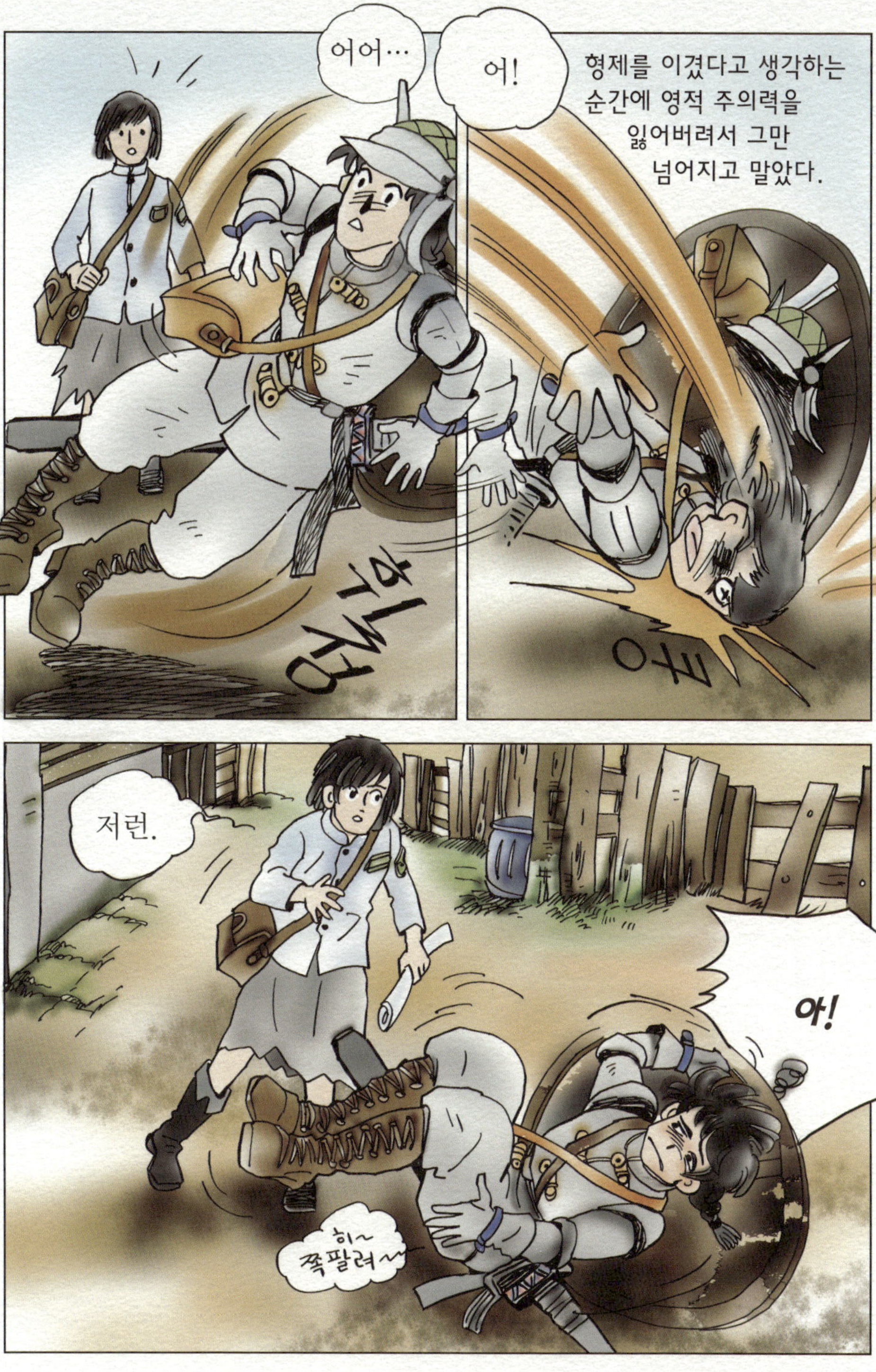

어어... 어! 형제를 이겼다고 생각하는 순간에 영적 주의력을 잃어버려서 그만 넘어지고 말았다.

저런.

아!

히~ 쪽팔려~

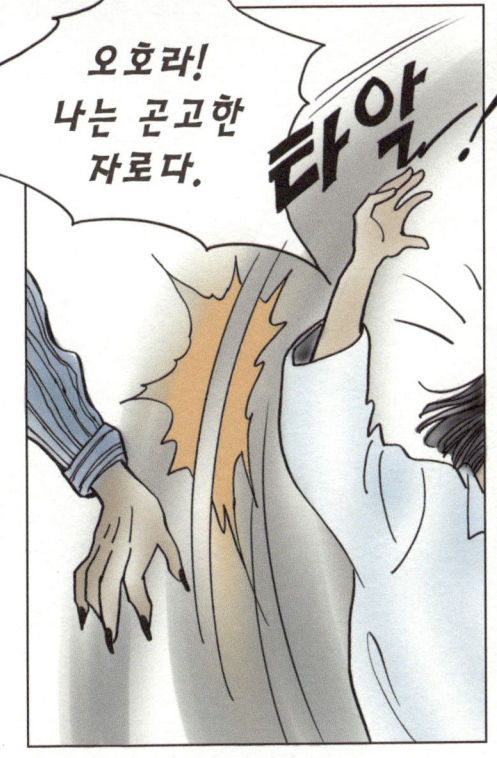

영을 분별하라

에? 설마…

정말입니다.

신앙고백을 숨겼어요.

와~!

밝고 넓고 시원한 길이 나왔네요.

실천도 안해요.

모두 옳으신 말씀입니다.

조잘~ 조잘~ 네네

참! 대단한 성도죠?

열심도 있고 지식도 있어요.

저 사람 이름은

수다쟁이 인데…

회개 해야지요.

나도 안다고요.

아시면 바로 회개해야죠.

당신이 내 심판관 인가요?

그… 그게 아니라.

이 허영의 도시는 순례의 길에 있었다. 이곳은 신자가 받는 유혹들이 모두 있었다. 정욕적인 것과 모든 악한 것이 넘치는 도시였다.

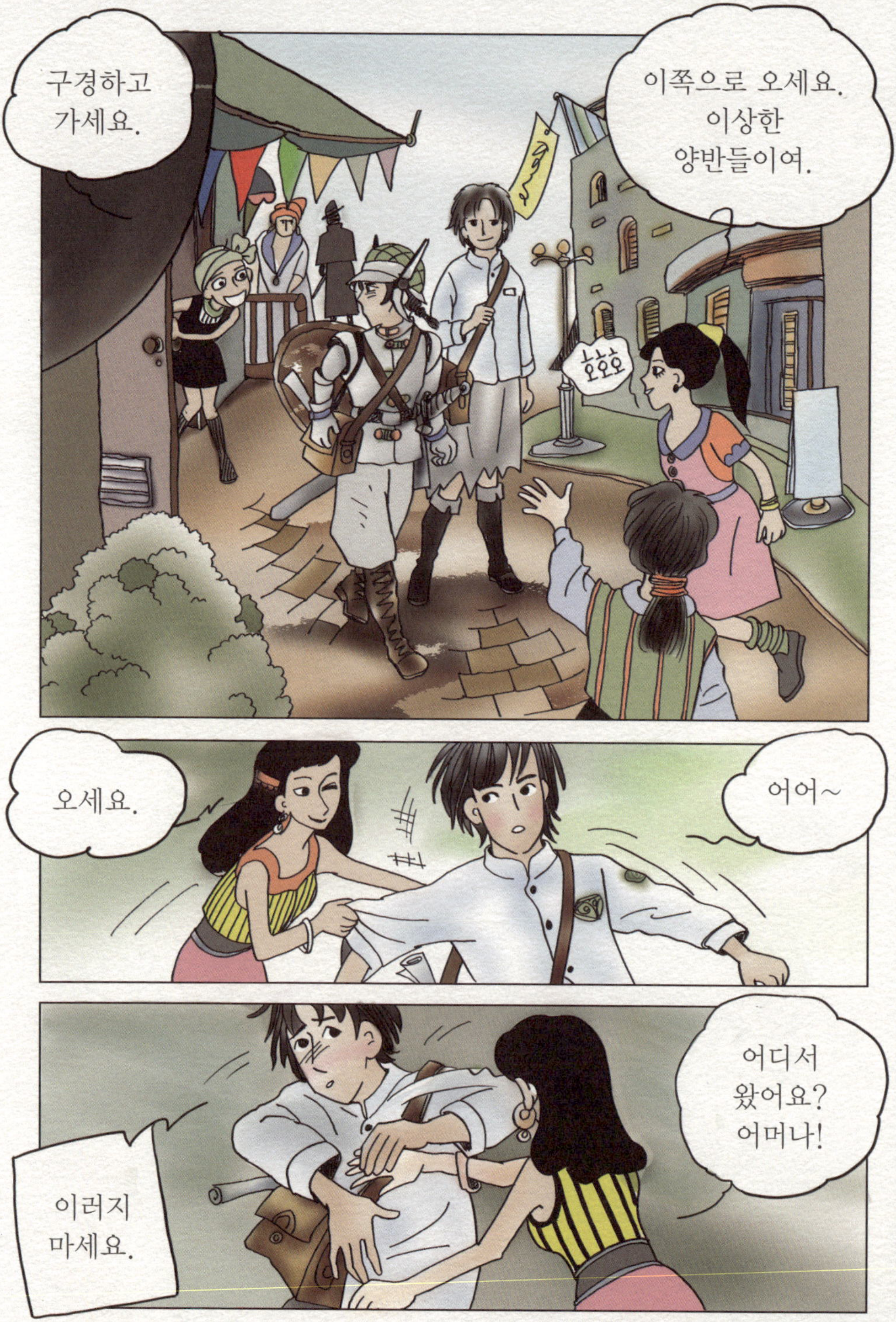
구경하고 가세요.
이쪽으로 오세요. 이상한 양반들이여.
호호호
오세요.
어어~
어디서 왔어요? 어머나!
이러지 마세요.

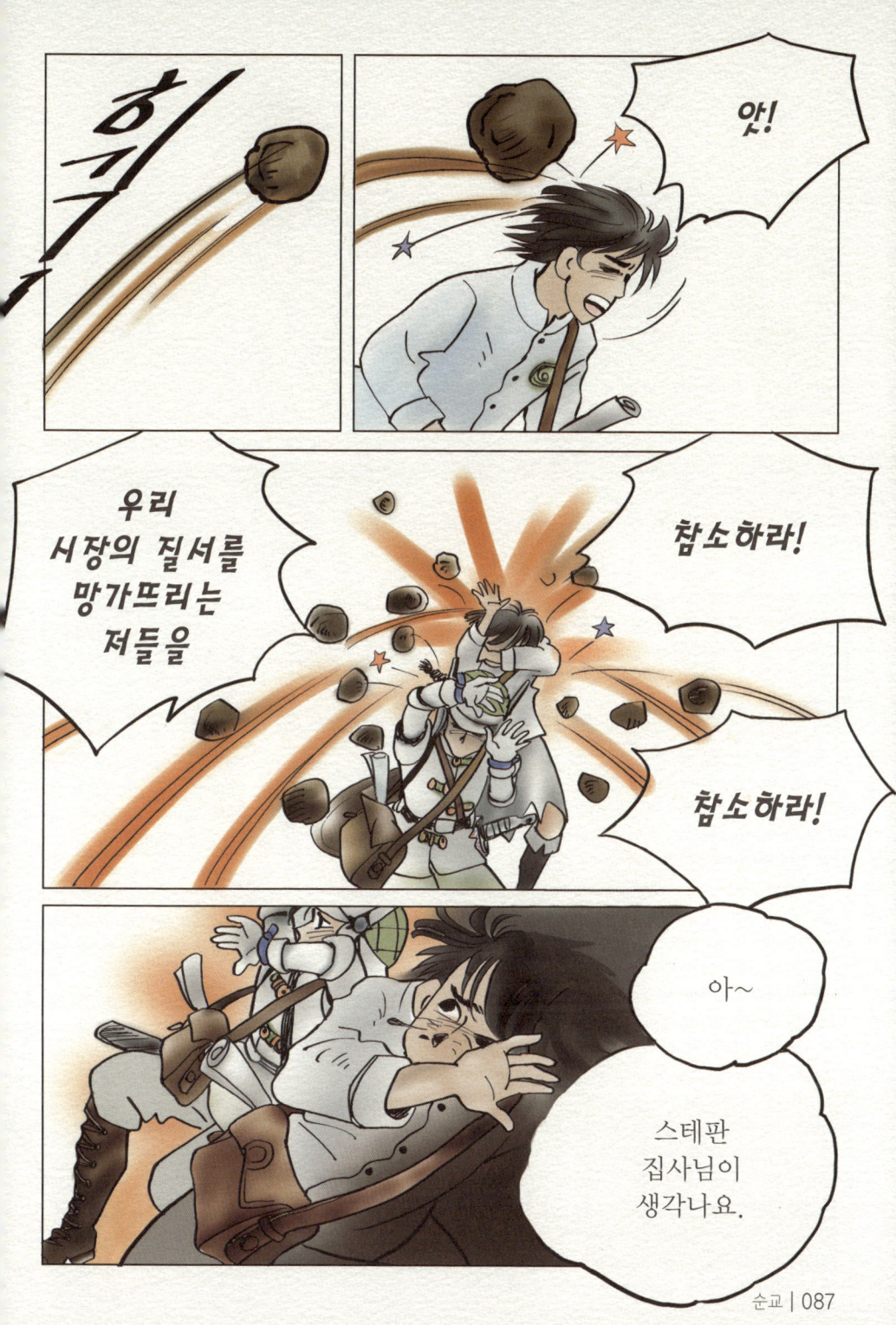

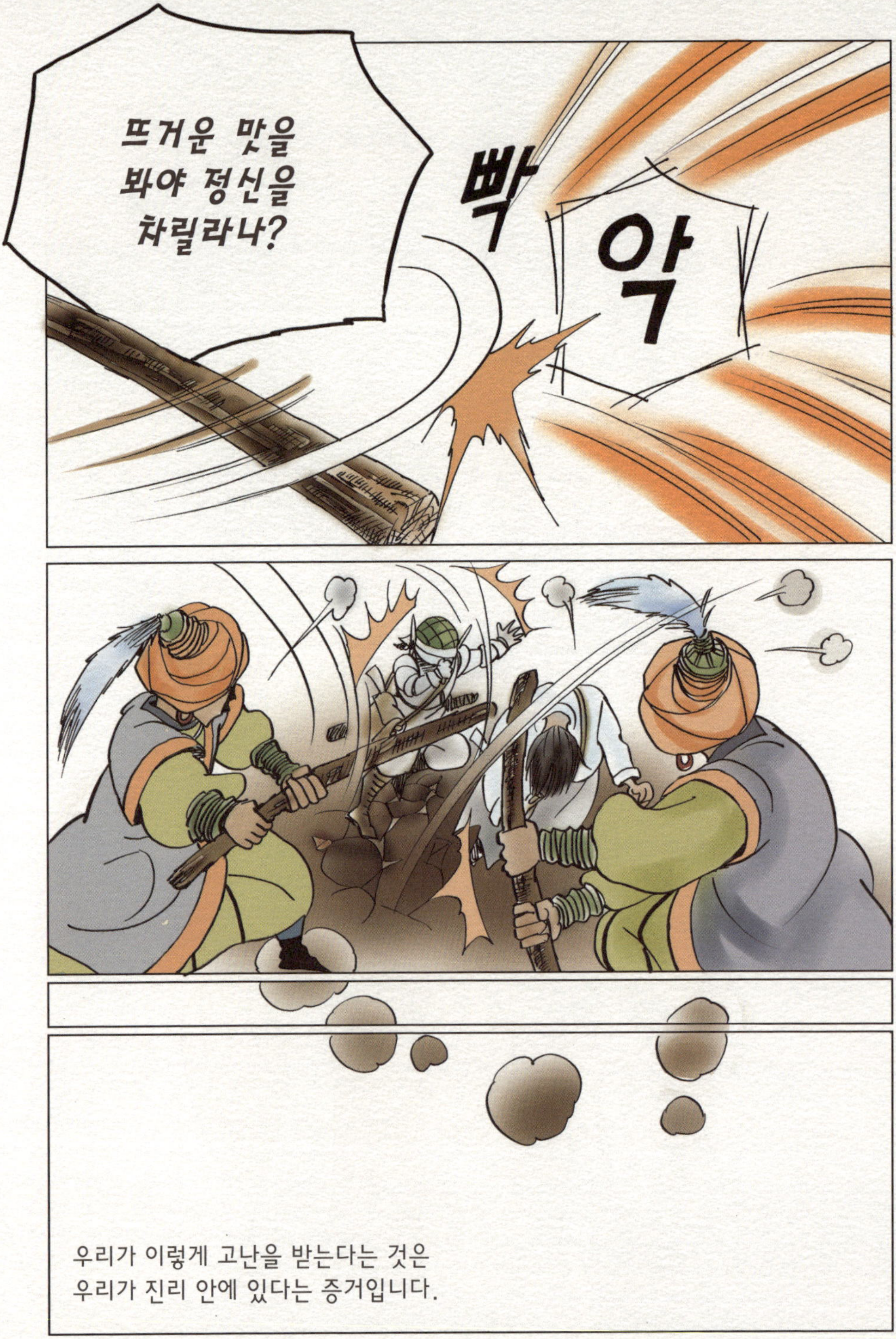

우리가 이렇게 고난을 받는다는 것은 우리가 진리 안에 있다는 증거입니다.

성실이 최후를 맞는 순간에 군중 뒤로
마차 한 대와 두 마리의 말이 성실을
데리고 가기 위해 준비하고 있었다.

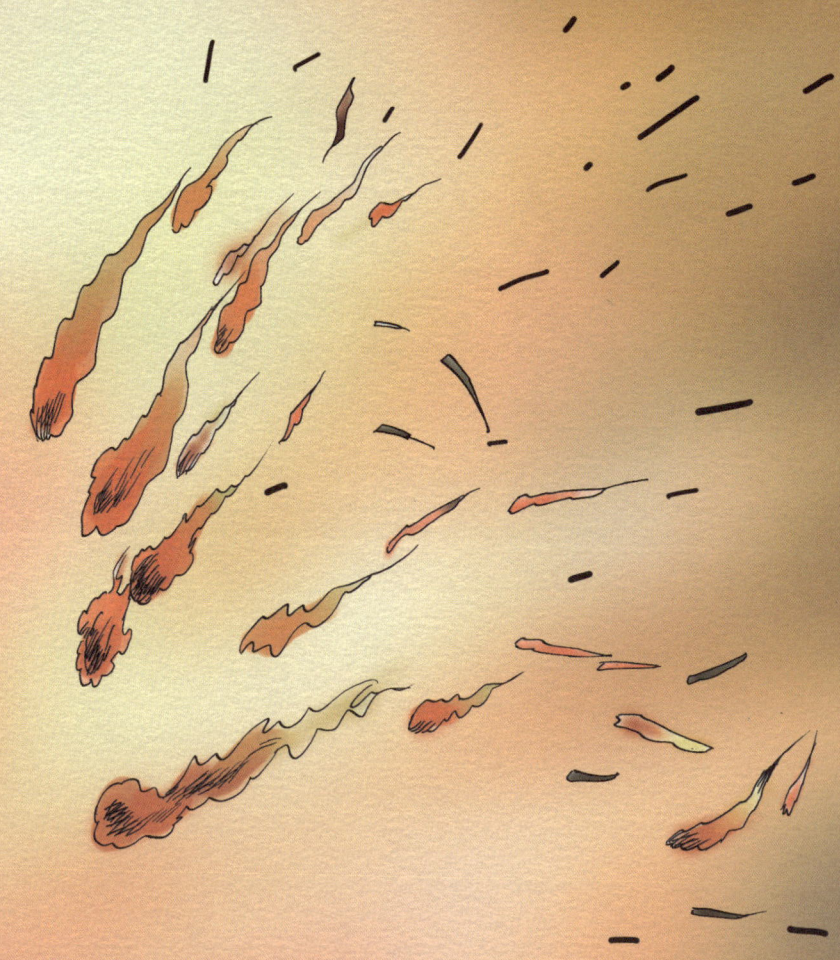

성실이 죽자마자 그의 영혼은 천성의 문으로 들려 올라갔다.

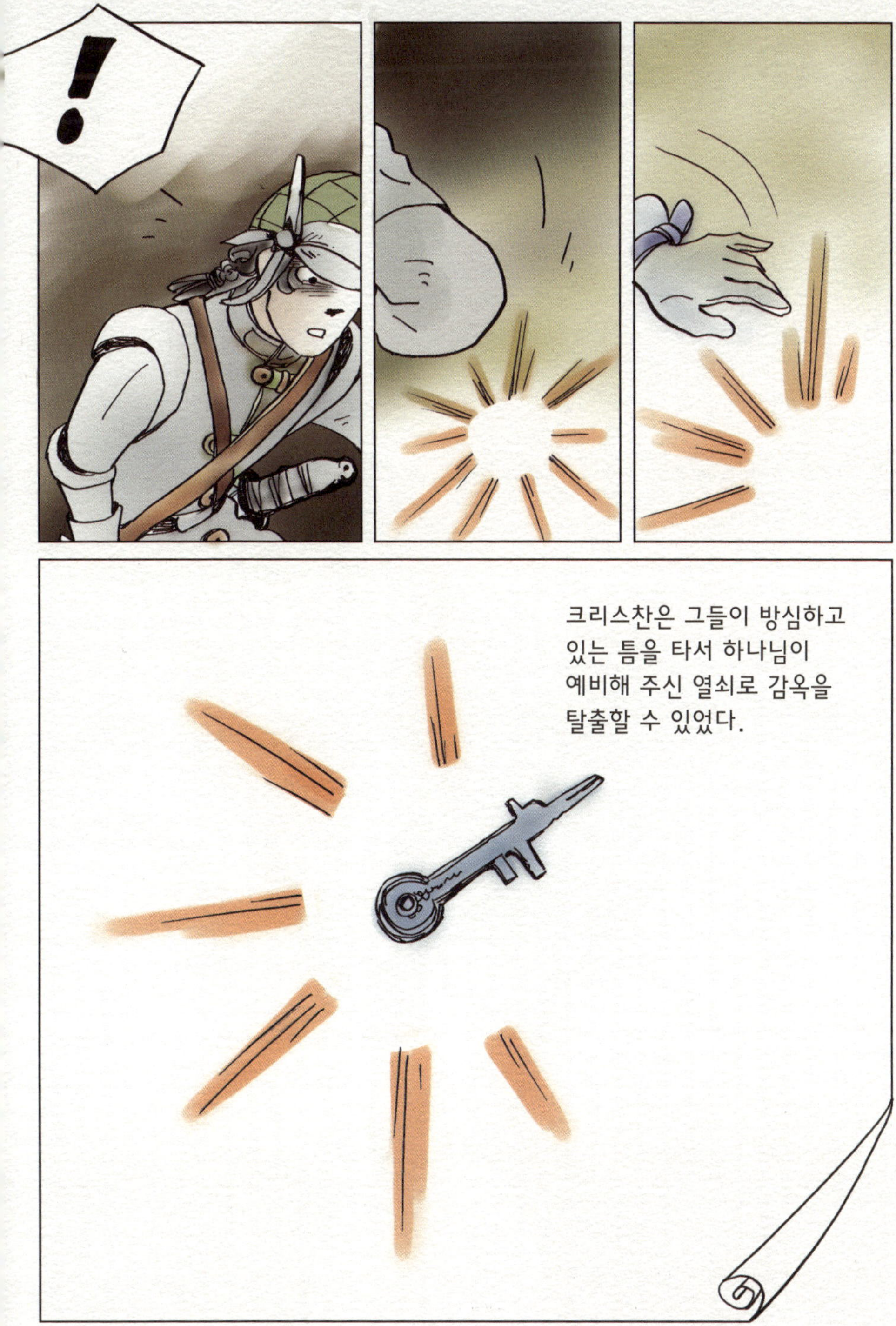

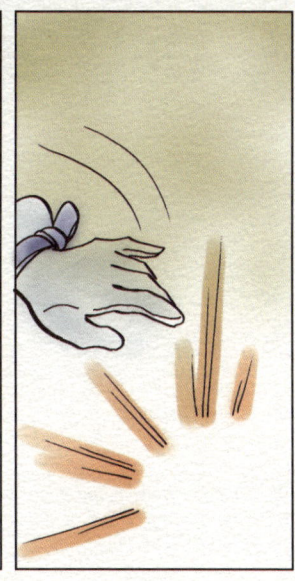

크리스찬은 그들이 방심하고 있는 틈을 타서 하나님이 예비해 주신 열쇠로 감옥을 탈출할 수 있었다.

두 마음의 친구들

크리스찬은
다시 순례길을
떠난다.

여정 중에
형제 한 사람을
만났는데…

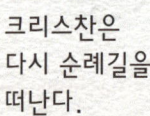

무슨 일이죠?

좀 따져야겠어요.

세상의 부와 건강을 위해 그리스도를 믿는 것이 잘못입니까?

묵묵…

두 마음의 친구들 | 117

떡을 얻기 위해 그리스도를 따르는 것은 잘못이에요.
그리스도를 이용하여 신앙 있는 척하는 것은 위선이며
이교도나 마귀가 하는 일입니다.
당신들은 자신들의 이익을 위해 진리를 허무는 자들입니다.

데마와 은광

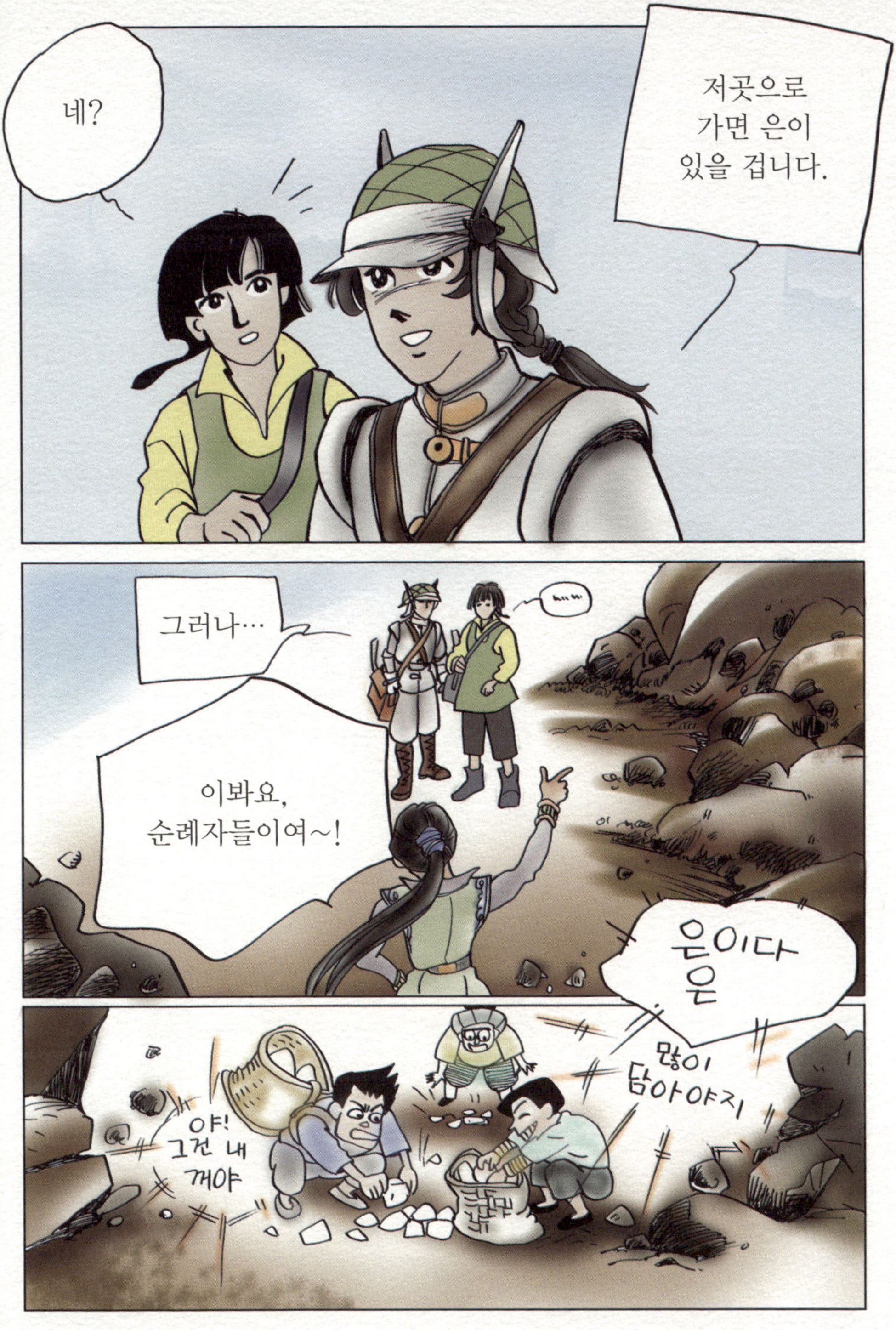
네?
저곳으로 가면 은이 있을 겁니다.
그러나…
이봐요, 순례자들이여~!
은이다 은
야! 그건 내 꺼야
많이 담아야지

아브라함의 자손이라 서로를 알아보네.

역시 우린 형제야. 하하하.

형제가 아니라 진리의 길을 버린 배교자일 뿐이오.

뭐라고?

순례의 길에서 벗어나 딴 길로 갔던
이들은 대부분 죽었다.
그 후에는 하나님의 심판이 있을 뿐이다.

하나님의 경고를 무시하고 죄를 지으면 안 돼요.

심판이 꼭 따라오죠.

네~!

경고 자체도 우리에게는 은혜랍니다.

순례길에서 만나는 휴식의 공간

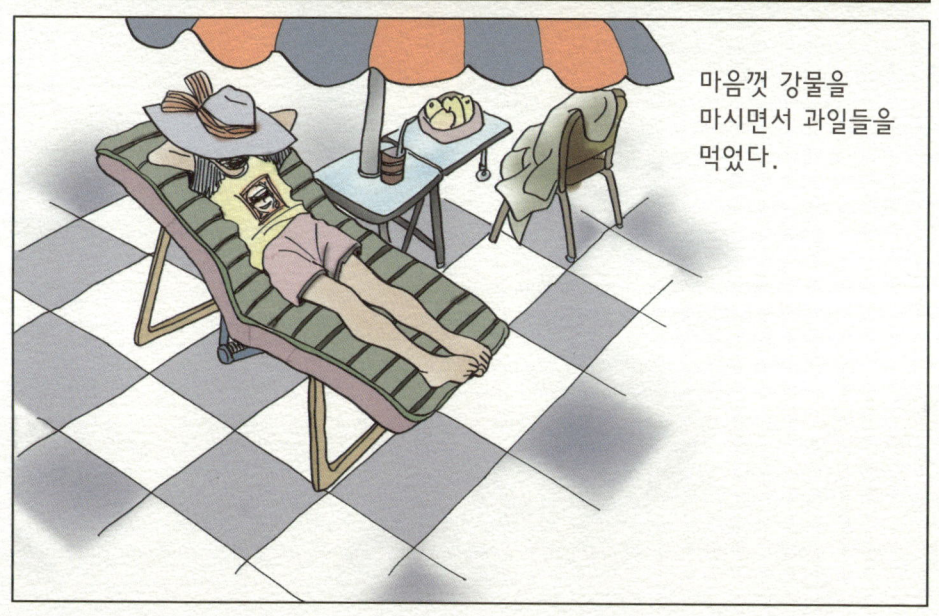

마음껏 강물을 마시면서 과일들을 먹었다.

생명수의 강과 샛길 초원

순례길에서 만나는
휴식의 공간!

이들은 그곳에서
여러 날 보냈는데…

순례길에서 영적으로 갱신하는 은혜를 의미한다.

이것을 은혜의 계절이라고 부른다.

평안의 시간은 잠깐!
우리는 다시 천성을 향하여 달려가야 한다.

헛된 판단으로
사람을 잘못 인도하면
하나님의 심판이
있습니다.

아~!
두렵군요.

순례 중에 이런 상황이 되는 건 영적으로 절망 상태이며 영적으로 또한 무기력해졌다는 것을 의미한다.

순례자들이 쉬운 길을 택한 결과로 어려움을 만나게 되었고 주의 은혜를 구하는 대신에 절망과 스스로 포기하는 상태에 빠지게 된다.

하나님은 적절한 시간과 때에 자기 백성의 안위를 간섭하신다.

그렇게 절망 거인으로부터 벗어나도록 두 사람에게 은혜를 베푼 하나님은 감사와 영광을 받으셨다.

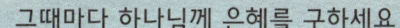

마법의 땅에서 잠들지 않도록 주의하십시오.

그때마다 하나님께 은혜를 구하세요.

자만이란 마을을 지나면서 한 사람을 만났는데… 그는 무지였다.

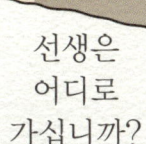

선생은 어디로 가십니까?

나는 천성의 도시로 가는 중입니다.

아~!
목자들이
아첨쟁이를
조심하라고
했는데.

길 안내도까지
받아 놓고도

아하하…

읽어
보지도 않고

흐흑…

기쁨의 산과 목자들 | 179

어디 가시는 중입니까?

무신론자

네~.
시온산으로 가는 중입니다.

아ㅏ하하하ㅏ

?

기쁨의 산과 목자들 | 185

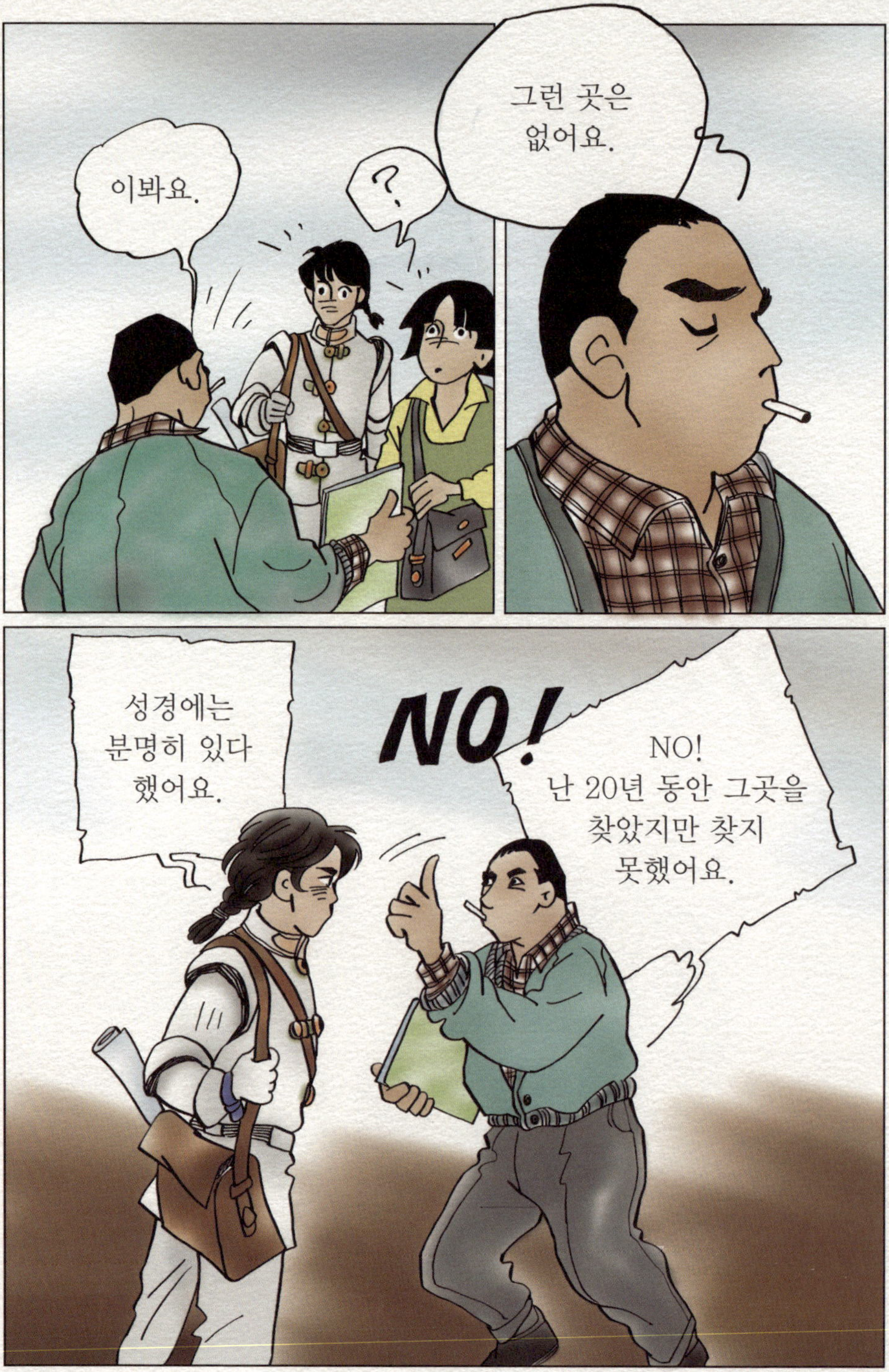
이봐요.
?
그런 곳은 없어요.
성경에는 분명히 있다 했어요.
NO!
NO! 난 20년 동안 그곳을 찾았지만 찾지 못했어요.

마법의 땅

마법의 땅은
성도를 세상의 잠에 취하게
해서 망하게 하는 곳이다.

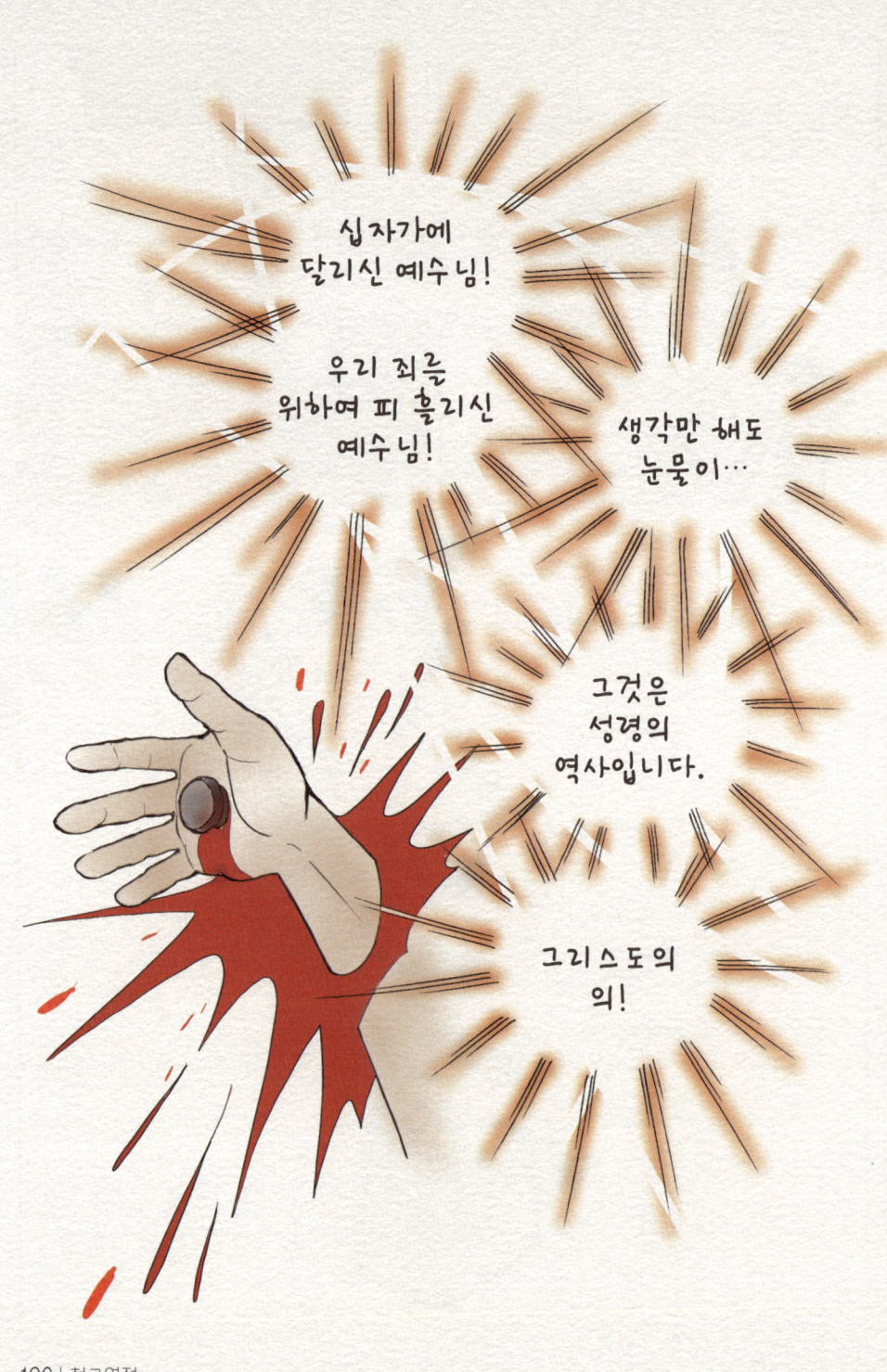

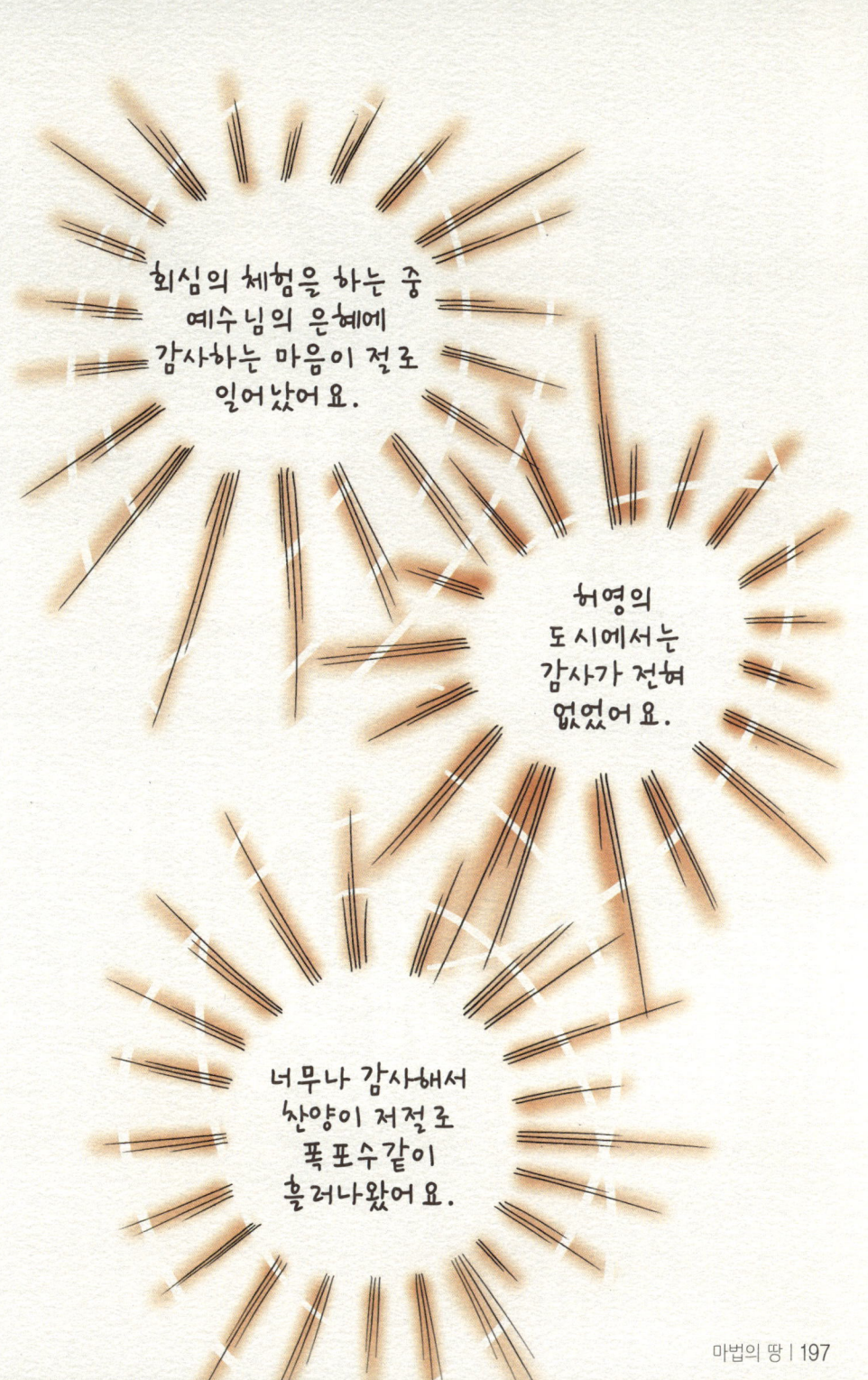

무지는 자신의
죄를 보지 못하기 때문에
그리스도를 믿어야 할 이유를
알지 못하고 있습니다.

오늘날 교회 안에는
무지와 같은 사람들이
많아요.
자기 의를 세우려고
종교적 행위를 하는
것이지요.

뿔라 땅과 죽음의 강

늘 깨어 있어
주님의 은혜를
소멸하지 않도록~

두 순례자는 마법의 땅을 벗어나
뿔라 땅으로 들어갔다.
그곳은 주께서 죽음을 앞두고 있는
성도들을 위로하는 곳이었다.

아뇨! 여긴 천국의 경계 지점입니다.

와~. 너무 좋다.

네~. 그렇군요.

점원사

예쁜 정원인데 누구 거지?

왕의 도로를 따라 오셨지요?

네.

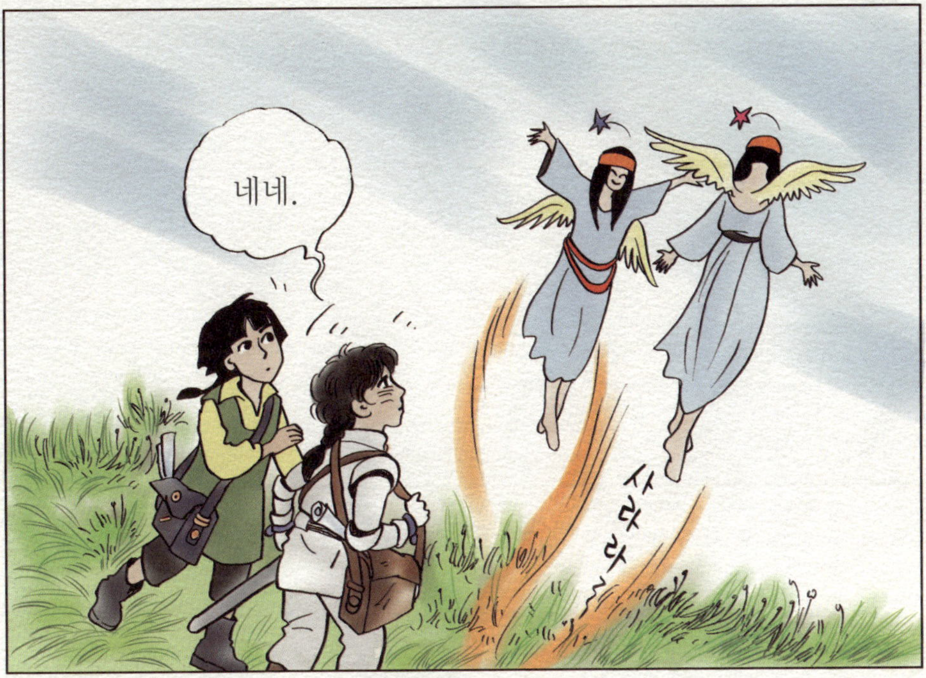
네네.
사라락

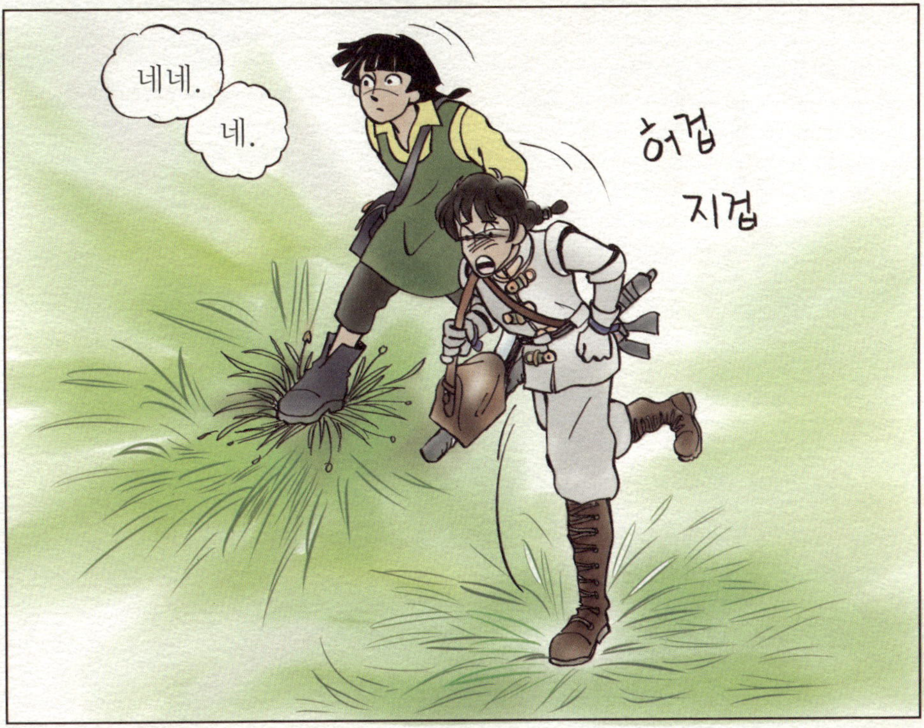
네네.
네.
허겁
지겁

그때 천사들이 두 순례자를
붙잡고 천성의 도시로 쏜살같이
올라가고 있었다.

천국 입성

존 번연의 편지

독자 여러분, 저의 글을 잘못 해석하지 않도록 주의를 기울이십시오.

저는 청교도 시대의 사람입니다. 제가 살았던 시대에는 교회에 사람들이 넘쳤습니다. 그런데 교회의 많은 사람들은 성경에서 말하고 있는 구원의 도에 무지했습니다.

다만 그들은 습관적으로 교회를 다녔으며, 자신의 부모와 친척들이 교회에 다녔기 때문에 교회에 출석했습니다. 이들은 교회에 나가서 의식적인 예배를 드렸고, 교회의 전통을 준수했습니다.

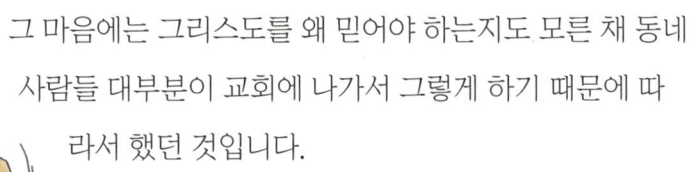

그 마음에는 그리스도를 왜 믿어야 하는지도 모른 채 동네 사람들 대부분이 교회에 나가서 그렇게 하기 때문에 따라서 했던 것입니다.

제가 천로역정에서 가장 먼저 말하고 싶었던 것은
성령께서 구원을 적용하실 때, 우리의 심령에 일어나는 것을
설명하는 것이었습니다. 실제적으로 구원이 우리에게
일어날 때, 일어나는 영적 체험을 서술했던 것입니다.

천로역정이 오늘날 우리에게 필요한 이유입니다.
많은 사람들이 교회에 출석하여도 구원의 은혜를 경험하지
못한 채 명목적 신자로 살아가기 때문입니다.

두 번째로, 제가 천로역정에서 설명하고 싶었던 것은 거짓 믿음입니다. 사람들이 전통에 따라서 교회 생활을 하였기 때문에 교회에는 진정한 신자보다 거짓 신자가 훨씬 많았습니다.

그래서 천로역정에서는 수많은 거짓 신자들의 유형들이 나옵니다. 그들은 한결같이 믿음이 있는 것처럼 보이지만 믿음이 없는 자들입니다.

이러한 위선자들이 교회에 많으면, 교회는 경건의 능력을 잃어버리고, 교회는 세속화가 됩니다. 제가 살던 시대의 청교도들은 이러한 교회를 개혁하기 위해서 참된 믿음과 거짓 믿음을 확실하게 구분하였습니다.

여러분이 살고 있는 이 시대는 어떠합니까?
여전히 똑같습니다.
그리스도를 건강하고 부자가 되기 위해서
믿는 자들이 많습니다. 성령의 역사가 아닌 거짓 영적 체험을 추구하고 있는 것입니다.

따라서 저의 천로역정은 여러분의
시대에 참된 신자와 거짓 신자들을 구별하게 해주고,
여러분 스스로가 하나님의 참된 백성인지를 점검하게
해줍니다.

천로역정은 교회를 나가보지 않은 사람에게도 구원이 무엇인가를 쉽게 가르쳐 줍니다. 죄가 무엇인가를 알려주며, 그리스도를 왜 믿어야 하는지를 깨우쳐 줍니다. 더욱이 그리스도인들이 왜 경건하게 살아가야 할지를 설명하고 있습니다. 그러면 구원이 왜 필요한지를 깨닫게 됩니다.

천로역정은 초기 한국교회에서 전도책자로 사용되었습니다. 길선주 목사의 경우 천로역정을 통해서 회심했습니다.

때문에 만화 천로역정은
전도책자로 매우 유용합니다.
이 책을 통해서
많은 유익이 있기를 바랍니다.